EL TALLER DE MELI MANITAS

Edward Miller

ANAYA

Meli Manitas puede arreglar cualquier cosa.
Su amigo robot, Chisme,
también sabe un montón.

Reducir, reutilizar y reciclar es bueno para el medioambiente.

¡Hala! ¡Está como nuevo!

Los remolques, y muchos otros objetos, están fabricados con plástico y metal. La cantidad de metales disponibles en la Tierra es limitada, así que algún día se acabarán. Los residuos plásticos contaminan la tierra, el aire y el agua, y pueden afectar a las personas, a los animales y a las plantas. Por eso es mejor reutilizar las cosas antes que tirarlas.

La **fricción** es el efecto de frenado o detención provocado cuando un objeto roza con otro. También se conoce como *resistencia aerodinámica*.

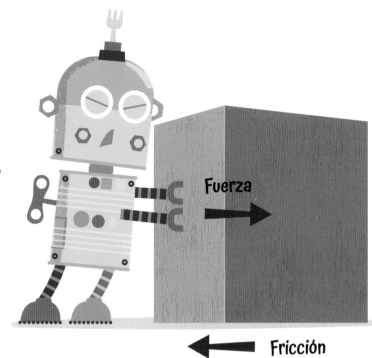

Fuerza

Fricción

Rueda

Eje

Una **rueda con eje** es un mecanismo simple. Cuando colocas un objeto pesado sobre una rueda con eje y lo empujas, el giro de las ruedas reduce la fricción. Cuanto menor sea la fricción, menos fuerza hará falta para mover el objeto.

Fuerza

Fricción

7

Un **plano inclinado**
es un mecanismo simple
empleado para aumentar la velocidad
y para subir y bajar objetos pesados.
Las rampas y los toboganes
son planos inclinados.

Podemos ir aún más deprisa sobre un plano inclinado. El monopatín gana velocidad, acelera.

Palancas

Alicates

Martillo

Fulcro

Grapadora — Fulcro

Claro. ¿Sabías que sus hojas son palancas?

Una **palanca** es un mecanismo simple. Es una barra que pivota sobre un punto de apoyo. Gracias a ella, resulta más fácil levantar objetos. Un balancín es una palanca.

El **fulcro** es el punto donde se apoya la palanca y por donde pivota.

Ten cuidado, Meli.
No te cortes,
está afilada.

Una **cuña** es un mecanismo simple con forma de triángulo. Se usa para separar objetos. Las palas y las chinchetas son cuñas.

Chincheta

Cuña →

Pala

Las tijeras necesitan un tornillo para sujetar las hojas.
He reutilizado este.

Tornillo

Las tijeras están formadas por tres mecanismos: una **palanca,** una **cuña** y un **tornillo.**

Base con rosca

Tapa con rosca

TORNILLOS

Tapón con rosca

AGUA

MANTEQUILLA DE CACAHUETE

¡Lo lograste, Meli!

Los tornillos me sujetan.

Un **tornillo** es un mecanismo simple. Se usa para ensamblar cosas. Los tornillos grandes sirven también para hacer agujeros.

Fíjate bien en un tornillo. Alrededor del cilindro verás un plano inclinado llamado **rosca**.

Los **engranajes** son un mecanismo simple: unas ruedas dentadas y conectadas entre sí. Se utilizan en las máquinas para incrementar su potencia y velocidad.

Ya veo el problema: se ha soltado la cadena de los engranajes. ¡Es fácil!

Ah, por eso no funcionaba.

En un kart, los dos engranajes están conectados por una cadena. Un engranaje está unido a una biela y el otro a la rueda trasera. Al pedalear, esas piezas giran la rueda de atrás, lo que impulsa la máquina hacia delante.

Cadena

Engranaje

Engranaje

Rueda

Biela

Pedal

Una **polea** consiste en una rueda y un eje con una cadena o cuerda alrededor. Cuando tiras de la cadena, la rueda gira. Se utiliza para mover objetos arriba y abajo.

Rueda

Eje

Cadena

¿Podrías arreglarme también la bici? No funciona bien.

Claro, la llevaré a mi taller y veré qué puedo hacer.

Un **mecanismo compuesto** es el que está formado por dos o más mecanismos simples.

Manillar (palanca)

Frenos (palanca)

Tubo de dirección (plano inclinado)

Frenos (palanca)

Rueda

Eje

Los vehículos de tracción humana, como las bicicletas, los triciclos y los patinetes, son buenos para el medioambiente. Usan la energía de las personas para moverse, en vez de combustibles como la gasolina.

Ruedas y ejes

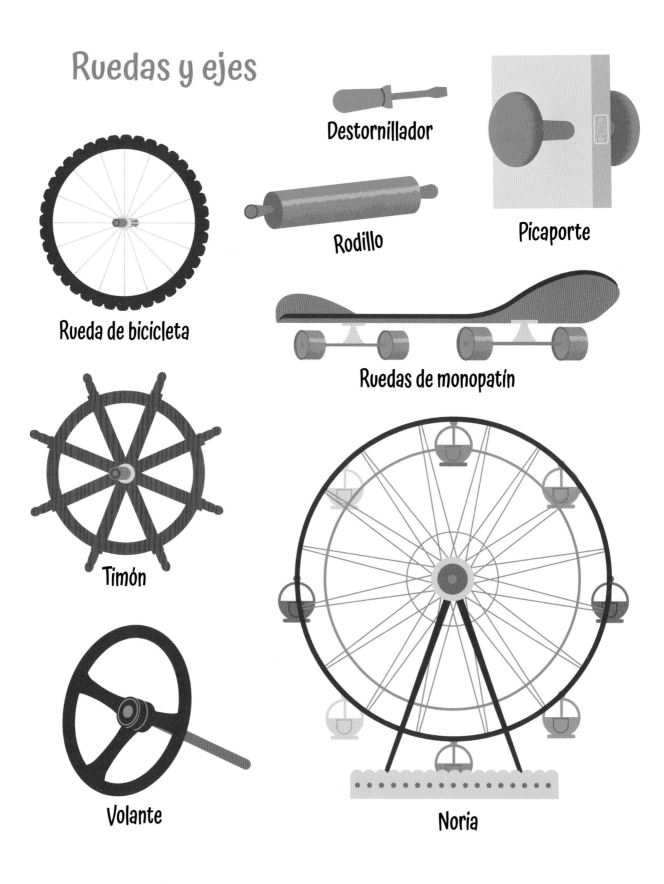

Destornillador

Rodillo

Picaporte

Rueda de bicicleta

Ruedas de monopatín

Timón

Volante

Noria

Roscas

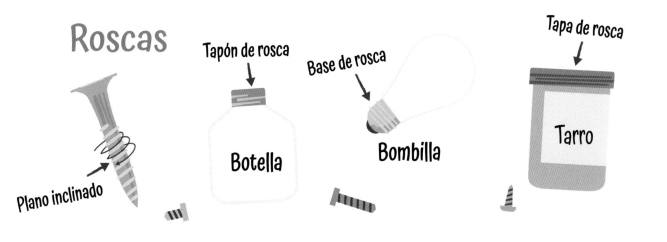

Plano inclinado

Tapón de rosca

Botella

Base de rosca

Bombilla

Tapa de rosca

Tarro

Cuñas

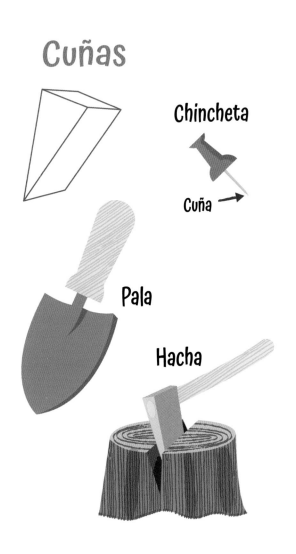

Chincheta

Cuña

Pala

Hacha

Engranajes

Reloj

Mecanismos

Palancas

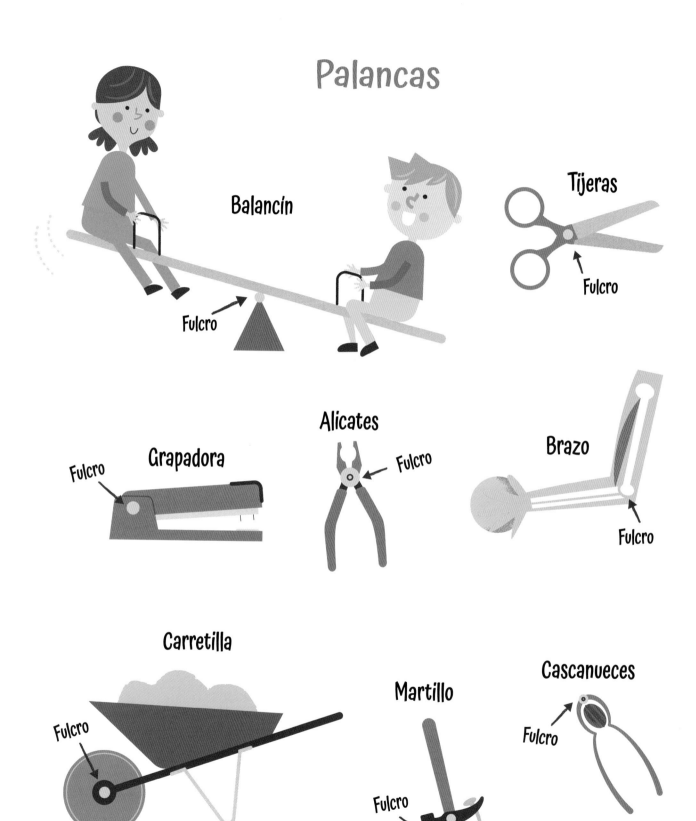

Balancín

Fulcro

Tijeras

Fulcro

Grapadora

Fulcro

Alicates

Fulcro

Brazo

Fulcro

Carretilla

Fulcro

Martillo

Fulcro

Cascanueces

Fulcro

Poleas

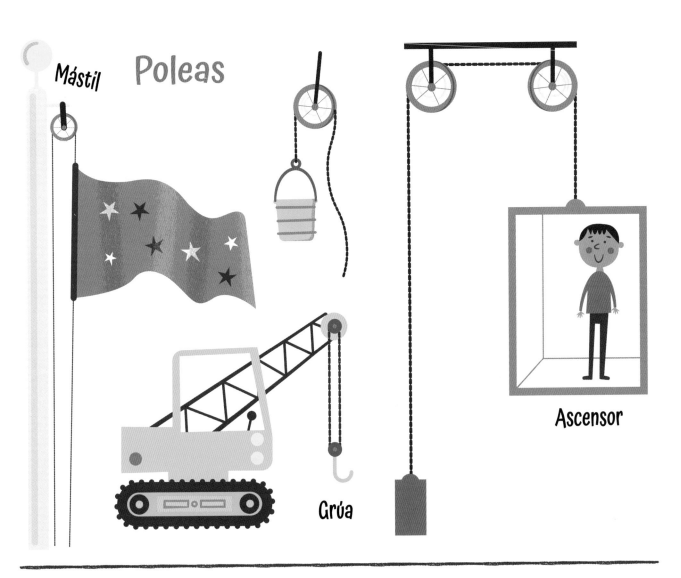

Mástil

Grúa

Ascensor

Planos inclinados

Rampa

Tobogán

Título original: *Franny's Fix-it Shop*

Primera edición: octubre de 2022

© Del texto y las ilustraciones: Edward Miller III, 2022
Publicado por primera vez por Holiday House.
Derechos de traducción representados por Sandra Bruna Agencia Literaria, S. L.
Todos los derechos reservados.
© De la traducción: Jaime Valero Martínez, 2022
© De esta edición: Grupo Anaya, S. A., 2022
Juan Ignacio Luca de Tena, 15. 28027 Madrid
www.anayainfantilyjuvenil.es

ISBN: 978-84-698-9091-2
Depósito legal: M-16344-2022
Impreso en España - *Printed in Spain*

PAPEL DE FIBRA
CERTIFICADA